Marlen Haushofer

Der gute Bruder Ulrich

Märchen-Trilogie

Marlen Haushofer

Der gute Bruder Ulrich

Märchen-Trilogie

Mit einem Nachwort
versehen von Markus Bundi

Limbus Verlag

Erstmals erschienen sind die drei Märchen unter dem Titel *Das Waldmädchen* in der Reihe *Die goldene Leiter* (Band 87) im Verlag Jugend und Volk, Wien 1972.

Mit Dank an Sybille Haushofer, die als Rechtsnachfolgerin und Nachlassverwalterin das Werk von Marlen Haushofer seit 1997 betreut und diesen Band freundlicherweise ermöglicht hat. Der Dank gebührt Sybille Haushofer auch im Namen von Dr. Manfred Haushofer, dessen zweite Ehefrau sie auch in stürmischen Zeiten war, den Söhnen von Marlen Haushofer, Christian und Manfred, sowie den Enkelsöhnen Georg und Stefan und der Urenkelin Anna.

Gesetzt aus der Baskerville.

Bibliografische Information der Deutschen Nationalbibliothek: Die Deutsche Nationalbibliothek verzeichnet diese Publikation in der Deutschen Nationalbibliografie; detaillierte bibliografische Daten sind im Internet über http://dnb.dnb.de abrufbar.

Druck: Finidr, s.r.o.
Einbandillustration: © Johanna Rüdisser
ISBN 978-3-99039-165-5
www.limbusverlag.at

Das Waldmädchen

Das Waldmädchen hatte braune Locken und grüne Augen und war so rank gewachsen wie eine junge Birke. Es wohnte allein in einem kleinen Häuschen mitten im Wald und hatte weder Vater noch Mutter.

Einen einzigen Verwandten besaß es, und das war der Räuber Schlagetot. Der kam jeden Winter in das kleine Häuschen und blieb dort, bis es Frühling wurde.

Und das Mädchen freute sich das ganze Jahr hindurch auf diesen Besuch, denn der alte Schlagetot war der einzige Mensch, den es kannte.

Wenn er dann vor dem flackernden Feuer saß und behaglich seine langen Beine ausstreckte, bat ihn das Mädchen oft, von seinen Abenteuern zu erzählen, und er ließ sich nicht zweimal bitten. Wer wollte es ihm übelnehmen, wenn er dabei ein bißchen log und seine großen und kleinen Räuberstückchen so lange ausschmückte, bis sie dem staunenden Kinde wie Heldentaten erschienen. Dann klatschte es fröhlich in die

Hände, und der Räuber schmunzelte behaglich und tat einen tiefen Schluck aus dem Metkrug.

Einmal bat das Mädchen: „Erzähl mir von den Menschen, lieber Schlagetot, ich möchte sie so gerne kennenlernen!“

„Sie sind nicht der Rede wert“, brummte der Alte, „aber ich werde dir einen Wolf fangen, der soll dir die Zeit vertreiben.“

So lebten sie glücklich den ganzen Winter zusammen. Wenn aber der Schnee taute und es vom Dach zu tropfen begann und die Luft lau von den Bergen strich, wurde der Räuber unruhig.

Witternd hob er die Nase und sagte: „Es riecht nach Rauch und Hunden, ich muß mich auf die Beine machen.“

Und er schliff sein breites Messer, bis es in der Sonne funkelte, und steckte es in den Gürtel.

Das Mädchen aber zupfte traurig Moos und Heu aus seines Freundes Bart und seufzte, denn nun lag wieder ein langer einsamer Sommer vor ihm.

Aber der alte Schlagetot hielt Wort und brachte den versprochenen Wolf. Der kam auf leisen Sohlen gegangen, legte seine Nase auf die Knie des Waldmädchens und knurrte dreimal, und das sollte heißen:

„Ich bin der Grauwolf und habe die spitzesten Zähne im ganzen Wald. Wer dich anfaßt, den reiße ich in Stücke!"

Dabei riß er wild den Rachen auf, so daß man seine lange, feuerrote Zunge sehen konnte.

Da strich ihm das Mädchen beruhigend über das Nackenhaar und freute sich über das Geschenk des Räubers.

Aber das war nicht der einzige Freund, den es hatte.

Der Igel, der mit Frau und Kindern im Blätterhaus wohnte, kam jeden Morgen und schaute mit seinen listigen schwarzen Augen in die Hütte, und wenn ihm das Mädchen zunickte, trollte er sich zufrieden weiter. Manchmal schnürte auch der Fuchs vorüber und warf einen Blick durch die offene Tür.

Und Tag und Nacht murmelte die Quelle unter den Haselstauden, und die hochstämmigen Fichten sandten ihren harzigen Duft durch das kleine Fensterchen.

So schön war es im Wald.

Einmal im Herbst flog eine gefleckte Wildtaube auf das Fensterbrett. Sie hatte einen Flügel verletzt, und das Waldmädchen pflegte sie gesund. Da blieb die dankbare Taube in der Hütte. Sie hatte weiche, glänzende Federn und rote Füße. Oft steckte sie zärtlich den Schnabel in die braunen Locken ihrer Herrin und gurrte: Gurruu … Gurruu – Gurruu.

So hätte das Mädchen noch lange in der Einsamkeit leben können, wenn es nicht dem jungen König eingefallen wäre, gerade in jenem Wald zu jagen.

Er war bei der Verfolgung eines Bären vom rechten Pfad abgewichen und hatte seine Begleiter verloren. Plötzlich stand er vor einem Mädchen, das vor einer Quelle kniete und das kristallklare Wasser über die braunen Hände rieseln ließ.

Als die Kniende den Fremden sah, erschrak sie sehr. Noch nie hatte sie solch silberhelles Haar und ein so lichtes Antlitz gesehen, und sie glaubte, einen jener Elfen vor sich zu haben, von denen der alte Schlagetot oft erzählt hatte.

Der König stand wie verzaubert.

„Wie schön sie ist“, murmelte er und trat einen Schritt näher.

Da sank das Mädchen zu Boden, denn es hatte noch nie Edelsteine gesehen und fürchtete sich vor dem hellen Gefunkel.

Der König jedoch hob die Zitternde auf, setzte sie auf sein Roß und führte sie aus dem Wald. Dort warteten seine Ritter und Knappen, und der König befahl ihnen, sich vor der schönen Fremden zu verneigen.

Da neigten alle die Stirne bis zur Erde, und das Waldmädchen war verwundert und wußte nicht, wie ihm geschah.

Sobald sie das Schloß erreicht hatten, befahl der König, zur Hochzeit zu rüsten.

Wie liefen da die Diener und Köche!

Bald zog süßer Kuchenduft durch alle Säle und Gänge, so daß den kleinen Pagen das Wasser im Mund zusammenlief.

Das Waldmädchen aber saß in seinem hohen Gemach vor dem Himmelbett und wagte nicht, die Wange auf das seidene Kissen zu legen. Es hatte die Hände im Schoß gefaltet und staunte über all die Pracht.

Und als sich der König herabneigte und es auf den Mund küßte, erschrak es von neuem, denn es hatte noch nie einen Kuß bekommen. Bald aber merkte es, daß ihm der König nichts zuleide tun wollte, und strich ihm zögernd mit den Fingerspitzen über die Wangen und wollte noch immer nicht glauben, daß er kein Elf war.

Da lachte der König, streichelte die braunen Locken des Mädchens und ließ es allein.

Nach sieben Tagen wurde die Hochzeit mit großer Pracht gefeiert. So war das Waldmädchen nun Königin und konnte sich wünschen, was es wollte.

Und sie war glücklich, wenn sie den König an ihrer Seite wußte. Sobald sie aber allein war, begann sie sich vor den vielen fremden Dingen zu fürchten und hätte sich am liebsten in einen dunklen Winkel verkrochen.

Sie merkte, daß die Hofdamen über sie lächelten, wenn sie aus den ungewohnten Silberschuhen schlüpfte und auf nackten Füßen über die weichen Teppiche lief. Auch die Gewänder drückten sie. Sowie sie allein war, löste sie alle Bänder und Haken des Kleides und ließ das Haar wild und weich über die Schultern fallen.

Und der König ließ sie gewähren und schalt nicht, denn er liebte sie und war glücklich. Am liebsten hätte er den ganzen Tag bei seiner Frau verbracht. Da er aber König war, mußte er auch regieren, und das war so mühsam, daß die Königin oft allein bleiben mußte.

„Wenn nur mein Täubchen bei mir wäre“, klagte sie und bat den König, das treue Tier holen zu lassen.

Da ritt ein Jäger in den Wald und brachte die Taube, die sogleich auf die Schulter ihrer Herrin flatterte.

Und die Königin war froh.

Die Taube gurrte zärtlich an ihrem Ohr und streichelte mit dem Flügel ihre Wange. Und die junge Frau schloß die Augen und glaubte den

Sommerwind zu spüren, der in den Julinächten in den Gräsern der Waldwiese spielte.

Aber das Glück dauerte nicht lange.

Eines Tages wurde die Taube krank. Sie wollte die süßen Hirsekörner nicht mehr aufpicken, schmiegte sich ängstlich in die Hände ihrer Herrin und war zu matt, um auch nur die Flügel zu regen.

Als es Abend wurde, klagte sie leise: „Gurruu, Gurruu, Gurruu …“, und das sollte heißen: „Laß uns heimgehen in den Wald!“

Aber die Königin konnte nichts tun, als das weiche Gefieder zu streicheln und tröstende Worte zu flüstern.

Da streckte die Taube die roten Füße aus, legte den Kopf zur Seite und starb.

Und die Königin weinte bitterlich und ließ sie im Park begraben.

Als der König nach Hause kam, küßte er seine Frau, streichelte ihre Hände und blieb bei ihr, bis sie wieder lächelte und die Taube vergaß.

Aber bald kam wieder eine Zeit, in der sie allein war.

„Ach“, sagte sie, „wenn doch mein Grauwolf käme!“

Und er kam. Acht Männer trugen ihn gefesselt vor die Königin. Da schrie sie auf vor

Freude, zerschnitt die Stricke mit ihrem goldenen Messer und vergrub das Gesicht in seinem struppigen Pelz.

An den langen Winterabenden saß sie nun vor dem Kamin, und der Grauwolf lag zu ihren Füßen, starrte in die Flammen und knurrte vor sich hin. Und das klang wie das Stöhnen der Balken, wenn der eisige Wind um das Waldhäuschen fuhr.

Aber auch der Wolf konnte das Leben im Schloß nicht lange ertragen. Die saftigsten Fleischstücke ließ er unberührt liegen, und er wurde dürr und struppig wie ein Gespenst.

Leise winselnd lag er vor der Königin und drückte die heiße Nase in ihre kühle Hand. Und das sollte heißen: „Setz dich auf meinen Rücken, ich will dich in den Wald zurücktragen!"

Da seufzte die Königin tief und strich mit der Hand über das zottige Fell.

Als der Morgen dämmerte und das letzte Scheit zu Glut zerfallen war, regte sich der Wolf und tat einen wilden Schrei. Dann fiel sein Kopf schwer auf die Füße der Herrin nieder. Er war tot.

Diesmal konnte nicht einmal der König seine Frau trösten. Schweigend und teilnahmslos saß sie in ihrem Zimmer und starrte auf den verschneiten Park hinaus. Ihre bräunlichen Wangen wurden schmal und blaß wie Elfenbein, und wenn der König sanft mit ihren Locken spielte, hob sie nur müde den Kopf und lächelte ihm dankbar zu.

Das zerschnitt dem König das Herz. Er dachte Tag und Nacht darüber nach, wie er seine Frau wieder heiter und glücklich machen könne. Da fiel ihm plötzlich ein, daß sie ihm oft von ihrem alten Freund, dem Räuber Schlagetot, erzählt hatte.

„Das ist das Richtige“, sagte er zu sich. „Er wird glücklich sein, einmal in einem seidenen Bett schlafen zu können.“

Und er setzte sich hin und schrieb ihm einen Brief, daß er ohne Strafe ausgehen sollte, wenn er sogleich auf das Königsschloß käme.

Als der Bote den alten Schlagetot traf, saß der gerade vor seiner Höhle und blinzelte schläfrig in die Sonne.

Den Brief des Königs zerriß er in hundert Stücke, denn er ärgerte sich, weil er nicht lesen konnte. Dann zog er sein großes Messer und wollte dem Boten an den Kragen. Erst als er hörte, daß ihn der König rufen lasse, nahm er seinen großen Knotenstock und folgte dem Boten auf das Schloß.

Wie staunten da die Leute, als der riesige Räuber durch die Gassen schritt!

Die Mädchen schrien auf vor Schreck, wenn er seinen mächtigen Rotbart schüttelte, und die Kinder versteckten sich hinter den Müttern und zeigten ängstlich auf sein breites Messer, das ihm im Gürtel stak.

Als nun der Räuber vor der Königin stand, wagte er nicht, den Blick zu heben, und beugte seinen Nacken.

Da lachte die Königin hell, sprang über die Marmorstufen auf den Alten zu und fiel ihm um den Hals. Sie zupfte ihn an seinem Bart und wußte sich vor Freude nicht zu fassen. Dann führte sie ihn in sein Gemach und ließ ihm ein grünes Samtkleid bringen.

Da sah nun der alte Schlagetot aus wie ein Edelmann. Zwei Kammermädchen kämmten seinen verwilderten Bart, rieben ihn mit duftenden Salben ein, und die Königin stand daneben und lachte.

Nun begann ein glückliches Leben.

Jeden Morgen ritt die junge Frau mit dem Alten über Wiesen und Felder, und am Abend saßen sie vor dem Kamin, und ihr Freund erzählte seine Räubergeschichten.

Nur wenn der König eintrat, wurde Schlagetot schweigsam, denn er wußte wohl, daß er etwas anderes verdient hatte als seidene Betten und samtene Kleider. Aber der König war glücklich, als er sah, wie die Königin aufblühte, ihre Wangen sich rundeten und die grünen Augen wieder wie Waldseen leuchteten.

In seiner Freude machte er den Räuber zum Grafen und schenkte ihm hundert Golddukaten. Und er konnte es tun, denn er war ja der König, und kein Mensch durfte ihm widersprechen.

Nun hatte der alte Räuber einen Beutel voll Gold. Aber nicht lange, denn er verschenkte es an die schmutzigen Kinder, die in den Gassen spielten, und bald lief eine ganze Schar von Buben und Mädchen hinter ihm her, wenn er über den Platz ging.

„Es lebe Graf Schlagetot!" riefen sie jubelnd, und der alte Riese zupfte verlegen an seinem roten Bart.

Und es verging der Herbst, und es verging der Winter.

Da, an einem hellen Frühlingstag, hob der Räuber seine Nase witternd in die Luft und sagte: „Es riecht nach Rauch und Hunden, ich …"

Dann verstummte er plötzlich und tat, als ob nichts geschehen wäre.

Die Königin aber war tief erschrocken.

Sie ersann hundert neue Scherze, die sie ihm abends am Kamin erzählte. Aber er konnte nicht lachen darüber und starrte bekümmert in die Flammen.

„Ich bin krank“, sagte er. „Es zwickt mich in der Brust und in den Beinen.“

Da kochte die Königin einen heilkräftigen Tee, rührte drei Löffel Honig dazu und gab ihn dem Alten zu trinken.

Aber am nächsten Morgen fühlte er sich noch elender. Er lag auf seinem Seidenbett und sah sehnsüchtig durch das offene Fenster nach den blauen Bergen.

Da gab die Königin ihrem Herzen einen Stoß.

Sie holte das Wollkleid des Alten, brachte es an sein Lager und sagte: „Steh auf, Schlagetot, zieh dein Gewand an und geh in den Wald zurück.“

Als der treue Räuber nichts davon hören wollte, wiederholte sie ihren Befehl in strengerem Ton.

Da blieb dem Alten nichts anderes übrig, als zu gehorchen, denn sie war ja die Königin.

Dicke Tränen liefen in seinen Bart, als er aus dem Schloßtor trat, und er winkte ihr, bis er den Waldrand erreicht hatte.

Die Königin aber stand am Fenster ihres Gemaches, und die ganze Welt schien ihr leer und trüb.

Und wieder wurde sie schmal und blaß, und des Königs Herz zog sich schmerzlich zusammen, wenn sein Blick auf ihr ruhte.

Da ließ er seinen weisesten Arzt kommen. Der war so alt, daß drei Pagen seinen weißen Bart tragen mußten. Er trat an das Lager der Königin, fühlte ihren Puls und setzte sich dann an den Tisch.

Drei Tage und drei Nächte dachte er nach.

Am vierten Tag endlich rief er aus: „Ich habe es! Wenn die Königin wieder gesund werden soll, muß der ganze Wald zu ihr kommen."

„Aber wie soll denn das geschehen?" fragte der König.

Da schwieg der greise Arzt und zuckte nur die Schultern.

Der König aber ging in trüben Gedanken durch den Park. Er dachte an die traurigen Augen seiner Frau und beschloß, ihr um jeden Preis zu helfen.

Er trat in das Gemach der Königin, beugte sich über sie und sprach: „Ich habe mich entschlossen, dich freizugeben. Es ist besser, du gehst in den Wald zurück, bevor du hier stirbst."

Die Königin hob die Augen zu ihm auf.

„Wie könnte ich ohne dich glücklich und zufrieden sein? Wenn ich schon sterben muß, so will ich hier bei dir sterben."

Da war der König traurig und glücklich zugleich. Er sank vor dem Lager auf die Knie und betete zu Gott, er möge seinem jungen Weib helfen.

Und als wieder ein Jahr vergangen war, bekam die Königin einen Sohn.

Krank und schwach lag sie in ihrem Himmelbett, und der König sah angstvoll auf ihr bleiches Gesicht nieder.

Da brachte die Kammerfrau den Knaben und legte ihn in die Arme der Mutter. Und die Wangen der Königin begannen sich zu röten, leicht und gesund fühlte sie ihr Blut durch die Adern fließen.

„Wie schön er ist!" rief sie. „Sein Haar ist weich und glatt wie die Federn meines Täubchens, und tief und dunkel träumt der Wald in seinen Augen. Seine Lippen aber" – und sie küßte den Knaben auf den Mund – „schmecken so süß wie die taufeuchten Himbeeren."

Und dann warf sie die seidene Decke von sich, stieg aus dem Bett und fühlte sich ganz glücklich und gesund.

Der König aber stand vor dem Kind, dachte an die Worte des alten Arztes und dankte Gott aus vollem Herzen.

Zur Taufe des Prinzen erschien plötzlich wieder der alte Schlagetot. Er sah zerrissen und sonnverbrannt aus und brummte vor Vergnügen, als er das Kind in der goldenen Wiege sah.

In seiner Freude machte ihn der König zum Taufpaten. Der Alte schenkte dem Kleinen seinen letzten Dukaten und versprach, im nächsten Jahr wiederzukommen.

Dann machte er sich auf den Weg zurück in den Wald.

Der König stand auf dem Söller und blickte ihm nach.

„Möchtest du nicht mit ihm in den Wald gehen?“ fragte er seine Frau.

Da legte die Königin sanft den Kopf an seine Brust und sagte: „Nein, denn jetzt bin ich hier zu Hause.“

Das Nixenkind

Der junge Erlmüller war der angesehenste Mann im ganzen Ort. Reich und fruchtbar lagen seine Felder und Wiesen, und im Stall standen die stattlichsten Rinder weit und breit. Und als er gar ein schönes Mädchen aus dem Nachbarort heimführte, sagten die Leute:

„Der Müller hat in allen Dingen Glück. Was er anfaßt, gereicht ihm zum Guten.“

Aber da er freundlich und gut zu den Armen war, neideten sie ihm sein Glück nicht.

Der Müller war stolz auf seine Frau. Er kaufte ihr seidene Tücher und Schürzen, soviel sie nur wollte, und niemals kam er aus der Stadt zurück, ohne ihr etwas Hübsches mitgebracht zu haben.

Sie war aber auch zu schön!

Das lichte Haar lag ihr in dicken Zöpfen wie eine Krone über der Stirn, und ihre Augen leuchteten wie der blaue Sommerhimmel.

Die beiden jungen Leute hätten so recht in Freuden miteinander gelebt, wenn ihnen nicht eines zu ihrem Glück gefehlt hätte, und das war ein Kind.

Oftmals lag die Müllerin wach in ihrem breiten Bett und weinte, bis die Kissen feucht waren. Da wurde auch dem Müller schwer ums Herz, denn er konnte seine Frau nicht traurig sehen.

Einmal im Herbst, als er zur Stadt fahren wollte, sagte er scherzend zu ihr: „Was soll ich dir mitbringen – ein blaues Gewand oder rote Schuhe?“

Aber die Müllerin antwortete ernsthaft: „Bring mir ein kleines Kind mit!“

Der Müller fragte die Händler auf dem Markt, ob sie ihm nicht ein Kind verkaufen wollten, aber sie schüttelten nur erstaunt die Köpfe und wandten sich unwillig von ihm ab.

Als die Sonne zu sinken begann, mußte er an die Rückfahrt denken, und um nicht mit leeren Händen zu kommen, erstand er ein goldenes Herz an einer dünnen Kette und barg es in seiner Tasche.

Die junge Frau kniete auf dem Dachboden vor einer Truhe mit Äpfeln und legte einen nach dem anderen in ihre Schürze. Als sie durch das kleine Fensterchen die Pferde in den Hof einbiegen sah, ließ sie die Äpfel fallen, so daß sie lustig über die Stufen sprangen, und lief mit wehenden Röcken ihrem Mann entgegen.

Aber wie war sie enttäuscht, als er ihr die goldene Kette um den Hals legte! Die hellen

Tränen liefen ihr über die Wangen, und der Müller ging traurig aus der Stube.

So kam der Winter und mit ihm die Weihnachtszeit.

Die Müllerin stand in der blaugekachelten Küche und hatte einen Berg von Rosinen, gedörrten Pflaumen und Walnüssen vor sich liegen und summte ein Liedchen. Ein lustiges Feuer brannte im Herd, und die ganze Küche roch nach Pfeffernüssen.

Da freute sich der Müller, als er seine Frau so fröhlich sah.

Er zog seinen pelzbesetzten Rock an, schlüpfte in die hohen Stiefel und rief durch die geöffnete Tür:

„Frau, ich fahre in die Stadt. Was soll ich dir bringen? Eine gestickte Haube, oder seidene Unterröcke mit breiten Rüschen?"

Da sah ihn die Müllerin groß an und sagte: „Bring mir doch ein kleines Kind mit!"

Und der Mann setzte sich in den Wagen und fuhr in die Stadt.

Er ging durch die dunklen, engen Gassen, wo die Ärmsten wohnten, und fragte, ob denn niemand ihm ein Kind verkaufen wollte.

Aber die Frauen versteckten ihre schmutzigen Buben und Mädchen in den Rockfalten und sahen ihn böse an.

Da wußte der Müller nicht mehr, was er beginnen sollte. Betrübt kehrte er zu seinem Wagen zurück und kaufte bei einem Trödler einen breiten goldenen Ring, der mit blutroten Steinen besetzt war.

Als er nach Hause kam, saß seine Frau auf der Ofenbank und strickte an einem langen roten Strumpf. Das sollte ein Geschenk für ihren Mann werden, und sie verbarg es rasch hinter ihrem Rücken.

Ihr Herz pochte vor Erwartung, aber der Müller war allein. Da hatte sie Mühe, ihren Kummer zu verbergen, und ließ sich still den Ring an den Finger stecken.

Traurig schlich der Winter vorbei.

Zu Lichtmeß sagten die Stallmagd und der Müllerbursche den Dienst auf. Es war ihnen langweilig geworden in dem großen Haus, in dem niemand scherzte und sang.

Es muß ein Ende haben, dachte der Müller, und wenn ich ein Kind stehlen müßte.

Und er ging in den Wald zu den Zigeunern.

Aber die schwarzhaarigen Weiber preßten ihre halbnackten Kinder an sich und sahen feindselig auf die Goldstücke, die ihnen der Müller bot.

So blieb ihm nichts übrig, als umzukehren.

Als er sich so – schweren Herzens – der Mühle näherte, es war inzwischen dämmerig geworden, riß ihn plötzlich leises Schluchzen aus seinen Gedanken.

Er wandte sich dem Mühlrad zu – und was sah er da?

Auf einer Radschaufel saß eine Wasserfrau und weinte bitterlich. Das lange schwarze Haar hing ihr wie ein Mantel über die Schultern, und ihre kleinen Füße baumelten im Wasser.

„Weshalb weinst du?“ fragte der Müller. „Ich will dir gern helfen, wenn ich kann.“

„Ach“, seufzte die Nixe, „ich habe mein Volk verlassen und bei den Menschen gelebt, und ich sterbe vor Heimweh!“

„Weshalb darfst du nicht zurück?“ fragte der Müller.

Da breitete die Nixe ihr Haar auseinander, und er sah auf ihrem Arm ein winzigkleines Mädchen sitzen.

„Das hält mich hier zurück“, klagte die Wasserfrau. „Ich weiß nicht, wie mein Volk es aufnehmen würde.“

Und wieder begann sie heftig zu weinen.

„Halt ein!“ rief der Müller. „Das trifft sich gut. Schenk mir das kleine Mädchen. Ich will es halten wie mein eigenes Kind!“

Die Nixe zögerte noch ein wenig, aber schon leckte das Wasser in zärtlichen kleinen Wellen an ihren Knien empor.

Aufseufzend reichte sie dem Mann das Kind und glitt in den Mühlbach.

Wie staunte da die Müllerin, als ihr Mann den Rock öffnete und sie das kleine Mädchen an seiner Brust sah. Sie trug das Kind in ihr weißes Bett und weinte vor Freude.

Nun hatten die Müllersleute eine kleine Tochter und nannten sie Mariechen.

Da war es auch bald nicht mehr langweilig in der Mühle.

Von früh bis abends sang die junge Frau und wurde von Tag zu Tag schöner, so daß die Leute stehenblieben und ihr nachblickten, wenn sie in ihrem schwarzen Seidenkleid zur Kirche ging.

Und der Müller war so froh wie noch nie in seinem Leben.

Stolz und glücklich ging er durch die blühenden Wiesen und Felder, und wenn er sich abends über seine Frau beugte, die lächelnd neben dem schlafenden kleinen Mädchen lag, so wußte er nicht, wie er Gott danken sollte für seine Gnade.

Er verschenkte das teure, weiße Mehl an die Armen des Dorfes, und alle Leute lobten seine Freigebigkeit.

Das kleine Mariechen wuchs heran. Schon konnte es auf seinen Beinchen stehen, und sein roter Mund plapperte den ganzen Tag.

Und als ein Jahr vorüber war, lief es hinter der Müllerin her, spielte im Garten und ließ sich von den Mahlknechten auf der Schulter tragen.

Alle hatten das kleine Mädchen gern. Wenn es mit seinen kurzen schwarzen Zöpfchen und den himmelblauen Augen über den Hof lief, begann sogar der alte Hofhund vor Freude zu winseln und wie närrisch um seine Hütte zu springen.

Da kam eines Morgens der erste Mahlknecht zum Müller und sagte:

„Herr, mit Eurem Mariechen geht es nicht mit rechten Dingen zu. Den ganzen Tag will es am Mühlbach spielen. Es ist gerade, als ob es jemand mit Gewalt zum Wasser zöge."

Da erschrak der Müller, denn er wußte wohl, daß die Nixen unsteten Sinnes sein können, und er nahm ein Mädchen aus dem Dorf auf, das mußte Mariechen auf Schritt und Tritt begleiten.

Inzwischen saß die Wasserfrau im Mühlbach und sah von Ferne ihr Kind auf der Wiese spielen. Da wurde sie traurig in ihrem Herzen und beschloß, sich des Kindes zu bemächtigen.

Aber nie kam Mariechen allein zum Bach, immer stand das Kindermädchen dahinter und zog es ängstlich weiter.

Da schwamm die Nixe zum Dorfweiher und bat ihren Bruder, einen hübschen jungen Wassermann, ihr zu helfen.

Eines Abends, als die Sonne hinter den Kornfeldern versunken war und das kleine Mariechen mit seiner Beschützerin nach Hause ging, stand am Wegrand ein junger Bursche, der dem Mädchen fremd erschien, und begann mit ihm zu scherzen.

Inzwischen lief Mariechen zum Bach und beugte sich über den grünen Spiegel des Wassers. Endlich zog es die Schuhe aus und streckte die Füße den kleinen Wellen entgegen.

Da teilte sich das Wasser, und zwei feuchte Arme zogen das Kind hinab.

Das Kindermädchen suchte verzweifelt nach Mariechen, aber sie konnte nur noch die kleinen roten Schuhe finden, die am Rand des Baches standen.

Die Müllerin ging mit verweinten Augen durch das Haus und nachts hörte der Müller ihr Schluchzen an seiner Seite.

Da verhärtete sich sein Herz, denn er konnte nicht verstehen, weshalb er so gestraft wurde.

Immer trostloser wurde es in der Mühle. Die Dienstleute gingen mit langen Gesichtern umher, und die Arbeit wollte nicht mehr vorangehen. Immer häufiger kam es vor, daß der

Müller am Abend ins Dorfwirtshaus ging. Erst wenn die Morgensonne aufs Dach schien, tappte er mit schweren Schritten über die Stiege und warf sich angekleidet aufs Bett.

Und die junge Frau wurde immer stiller.

Wie aber war es inzwischen dem kleinen Mariechen ergangen?

Es konnte nun jeden Tag mit den bunten Fischen spielen und glitzernde Steinchen sammeln auf dem Grund des Baches. Aber am Abend, wenn es genug gespielt hatte, wollte es nach Hause gehen.

Da sagte die Wasserfrau: „Ich bin ja deine Mutter, und du sollst immer bei mir bleiben."

Die Kleine aber runzelte die Stirn und antwortete: „Meine Mutter hat lichte Haare, und ihre Arme sind weich und warm. Du kannst nicht meine Mutter sein, ich fürchte mich vor dir. Du bist kalt und feucht wie die Fische."

Da wickelte die Nixe das Kind in ihr Haar und sang, bis es weinend einschlief.

Am Morgen tanzten und spielten die Wassermädchen mit Mariechen, und sie waren alle fröhlich und guter Dinge. Aber am Abend verlangte das Kind wieder nach seiner Mutter.

Sie wird sich an mich gewöhnen, dachte die Nixe, und sie fing die schwarze Wasserschlange, die mußte Mariechen Geschichten erzählen, bis es eingeschlafen war.

Und mit jedem Tag wurde das Gesicht des Kindes ein wenig bleicher, und bald war es selbst so kühl wie die flinken Fischchen, die es haschte.

Da freute sich die Nixe und war zufrieden.

Es war schon spät im Herbst, als die Müllerin einmal den Bach entlang ging. Weiße Nebel stiegen auf und legten sich feucht um ihre Füße. Aber die Frau achtete nicht darauf und schritt auf den großen Tümpel zu. Dort lag das Wasser schwarz und stumm.

Die Müllerin setzte sich ans Ufer und beugte sich über den Rand des Baches. Die Tränen rollten ihr über die Wangen und fielen ins Wasser.

Davon erwachte die Wasserfrau, die unter der alten Weide auf dem Grunde des Tümpels saß, und verwunderte sich.

Wie salzig heute das Wasser schmeckt, dachte sie und hob den Kopf.

Da sah sie die weinende Frau am Ufer, deren Tränen gerade auf das Gesicht des kleinen Mädchens fielen.

Und die kleinen Wangen begannen sich zu röten, die Händchen wurden warm und biegsam. Immer schmerzlicher weinte die Frau, und das Kind begann zu blühen wie eine Rose.

Die Nixe sah das kleine Herz heftig gegen die Brust schlagen.

„Gib mir mein Kind zurück, schöne Wasserfrau!“ weinte die Müllerin. „Ich will dir unser ganzes Geld geben, meine goldene Kette und den Ring mit den roten Steinen.“

Aber das Herz der Nixe blieb hart.

Sie legte ihre kalte Hand auf das Gesicht des Kindes, und es wurde kühl und blaß wie Stein.

„Nimm mich selber!“ flehte die Frau weiter. „Ich will deine Magd sein. Nur einmal noch will ich mein Kind küssen, dann sollst du mich haben.“

Da fiel eine ihrer Tränen auf die Brust der Nixe und ließ sie erbeben.

Reglos saß die Frau und lauschte.

Als alles stumm blieb, seufzte sie tief, raffte ihre feuchten Röcke auf und ging durch den Nebel auf die Mühle zu.

Die Nixe saß unter der Weide und fürchtete sich.

Ich bin krank geworden, dachte sie. Ich habe zu lange bei den Menschen gelebt. Und sie preßte die Hand auf ihre Brust, auf die Stelle, wo die Träne der Müllerin hingefallen war.

Die ganze Nacht hindurch wiegte sie das schlafende Kind, dann stieg sie aus dem Bach und schritt schweren Herzens dem Hause zu.

Als die Müllerin erwachte, lag das kleine Mädchen, eng an ihre Schultern geschmiegt, an ihrer Seite.

Eine nasse, grünliche Spur zog sich bis zur offenen Tür.

Da sprang die Frau aus dem Bett und rüttelte den Müller wach.

„Wach auf, Mann", rief sie, „unser Mariechen ist wieder hier!" Und ehe der Erstaunte sich noch aufsetzen konnte, rannte sie schon in die Küche, um ein süßes Süppchen zu kochen.

So war das Glück in die Mühle zurückgekehrt.

Ein schöner, friedlicher Winter ging vorüber, und die drei Menschen waren so glücklich, wie nur gute Menschen sein können, die sich von Herzen liebhaben.

Als der Frühling kam, nahm die Müllerin Mariechen an der Hand und führte es auf die blühende Wiese.

Sie pflückten einen großen Strauß aus Schlüsselblumen und Anemonen, und das kleine Mädchen warf ihn in den schwarzen Tümpel.

Und die Blumen schwammen wie ein bunter Kranz auf dem dunklen Spiegel, ehe sie, wie von einer unsichtbaren Hand gezogen, in die Tiefe sanken.

Der gute Bruder Ulrich

Es war einmal ein König, der hatte eine schöne Frau, aber keinen Sohn. Deshalb war er traurig und betete jeden Tag zu Gott, er möge ihm einen Erben schenken.

Da bekam die Königin wirklich ein Kind und freute sich so sehr darüber, daß sie starb.

Das Kind bekam eine Amme, die war jung und fröhlich und liebte den kleinen Prinzen beinahe mehr als ihren eigenen Sohn.

Als die beiden Kinder drei Jahre alt waren, fiel der Feind ins Land ein und plünderte auch das Schloß. Der alte König wurde erschlagen und mit ihm sein ganzes Gefolge.

Nur der Amme gelang es, in den Wald zu flüchten. Dort lebte sie mit den Kindern in einem Holzhäuschen und brachte sich so recht und schlecht durch. Sie sammelte Beeren und Schwämme und kaufte für den Erlös eine Kuh, so daß sie auch im Winter zu leben hatten.

Nun gewann aber die Amme den Prinzen immer lieber. Sie steckte ihm die besten Bissen zu und hielt ihren eigenen Sohn dazu an, dem Königskind in allen Dingen zu gehorchen.

Der kleine Ulrich tat es gerne. Er hatte ein gutes, fröhliches Herz und kannte keinen Neid.

Als die beiden Knaben achtzehn Jahre waren, hielt eines Tages eine Reiterschar vor dem Häuschen.

Ihr Anführer sprang vom Pferd, trat auf die zitternde Frau zu und rief: „Welcher von beiden ist der junge König? Wir wollen ihn auf sein Schloß führen, der Feind ist aus dem Land vertrieben."

Da warf sich die Amme vor Freude schluchzend vor dem Prinzen auf die Knie und küßte seine Hände.

Die Ritter aber führten ihn im Triumph auf sein Schloß.

Nun hatte der junge König Gold, Silber, Edelsteine und kostbare Stoffe. Er brauchte nur mit den Augen zu winken, schon stürzte die Schar seiner Diener herbei und fragte nach seinem Befehl.

Da wurde er stolz und unzufrieden. Den ganzen langen Tag stand er vor seinem hohen Spiegel und kränkte sich darüber, daß er häßlich und unscheinbar war.

Mit einem Male erinnerte er sich seines Bruders Ulrich und dachte neiderfüllt an dessen lange blonde Locken und an seine strahlend blauen Augen.

Er schickte einen Knecht in den Wald und ließ die Amme und ihren Sohn holen.

Als sie vor ihm erschienen, sagte der König zu seiner Pflegemutter: „Sieh mich an und blicke auf deinen Sohn! Ist es recht, daß er schön ist wie ein Frühlingstag und ich häßlich bin wie die Nacht? Sag ihm, er soll mir seine Schönheit geben!“

Da sagte die Amme: „Ihr habt recht, Herr, es ziemt sich nicht, daß der Knecht schöner ist als sein Herr. Aber ich kann nichts daran ändern, es sei denn, mein Sohn schenkt Euch freiwillig seine Schönheit.“

Ulrich hob den Blick und lachte.

„Gewiß, liebe Mutter, will ich das.“

Und er lief auf den König zu, legte die Arme um seinen Hals und küßte ihn auf beide Wangen.

Und der König blickte in den Spiegel. Er sah sein Haar in goldenen Locken auf die Schultern fallen und seine Augen wie durchsichtige Edelsteine leuchten.

Dann fiel sein Blick auf den Bruder.

„Wie häßlich du bist“, sagte er. „Geh mir aus den Augen, ich kann dich nicht länger sehen!“

Und der gute Bruder Ulrich ging betrübt in seinen Wald zurück.

Aber er konnte nicht lange traurig sein. Die wilden Waldblumen dufteten vor dem Fenster seines Häuschens, und er sah die Rehe regungslos auf der mondbeschienenen Wiese stehen. Da trocknete er seine Tränen und schlief zufrieden ein.

Als er am nächsten Morgen erwachte, saß auf seinem Fensterbrett ein blauer Vogel und sang so süß, daß Ulrich das Herz im Leib hüpfte. Fröhlich nahm er seinen Weidenkorb und ging auf die Wiese Gras holen für die Kuh.

Es dauerte gar nicht lange, da war der König seiner Schönheit überdrüssig geworden. Er glaubte das Leben nicht mehr ertragen zu können vor Langeweile. Die schönsten Prinzessinnen kamen an seinen Hof, aber er sah sie nicht einmal an und schickte alle wieder nach Hause.

So vergingen zehn Jahre, bis er sich eines Tages wieder seines Bruders entsann.

„Er soll kommen und mich aufheitern!" sagte er und schickte einen Boten in den Wald.

Und der gute Bruder Ulrich kam mit seiner Mutter und mit seinem jungen Weib, das er vor wenigen Wochen nach Hause geführt hatte.

Als der König die junge Frau sah, wurde sein Gesicht gelb vor Neid.

„Sag deinem Sohn", rief er seiner alten Amme zu, „er soll mir seine Frau geben, denn sie hat Augen wie die reifen Brombeeren im

Schlag, und ihr Haar liegt sanft und dunkel über der weißen Stirn. Sie muß mir gehören!"

Da sagte die Amme: „Mein guter Sohn Ulrich, es ist nur recht und billig, daß du deinem Herrn das Liebste schenkst, was du besitzt."

Und der gute Bruder seufzte tief und führte sein geliebtes Weib dem König zu.

Da hatte der König nur noch Augen für die schöne Frau, und der arme Ulrich schlich traurig und verlassen in den Wald zurück.

Bald darauf starb die alte Amme, und ihr Sohn begrub sie unter einer hohen Fichte.

Er begann Kräuter zu sammeln für die Kranken, und alle liebten ihn wie einen Bruder. Bald lernte er auch die Sprache der Vögel verstehen, und nun war er nicht mehr einsam. Den ganzen Tag horchte er auf ihr fröhliches Geplauder, und ganz langsam begann die Wunde in seinem Herzen zu heilen.

Inzwischen begann die schöne, junge Frau den König zu langweilen.

„Weshalb", sagte er, „sind deine Augen jeden Tag schwarz und glänzend und deine Lippen immer nur weich und rot?"

Da lächelte die junge Frau sanft und hilflos, denn sie konnte ihn nicht verstehen. Und der König wurde ihrer überdrüssig und ließ sie nicht mehr vor sein Angesicht kommen.

Da geschah es, daß eine Seuche im Land ausbrach und viele hinwegraffte.

Auch an das Lager des Königs trat der Tod.

„Nein!" schrie der Sterbende, „ich war ja noch nie zufrieden und glücklich. Du mußt mich noch leben lassen."

„Das kann ich nicht", erwiderte der Tod, „es müßte denn ein anderer freiwillig für dich sterben, und das wird niemand wollen."

Da durchzuckte den König ein hoffnungsvoller Gedanke.

„Schickt einen Knecht in den Wald", rief er, „und holt meinen Bruder Ulrich!"

Und der gute Bruder Ulrich kam.

Als er den Tod am Bett des Königs stehen sah, erschrak er ein bißchen, aber gleich faßte er sich ein Herz und trat näher.

„Was soll es sein, mein Herr und König?" fragte er.

„Du mußt mir helfen", stöhnte der Kranke. „Was kann dir das Leben schon bedeuten? Du bist arm, allein und häßlich. Aber ich, ich habe alles, um glücklich zu werden. Du mußt für mich sterben!"

Da schloß der gute Ulrich die Augen und besann sich. Und der Duft der Veilchen strömte durch das Fenster, und sein Herz zog sich ängstlich zusammen.

Als er die Augen wieder öffnete, leuchteten die Blüten der Pfirsichbäume wie frisch gefallener Schnee aus dem Garten. Schon wollte er „Nein!“ rufen und aus dem Saal laufen, als der König klagend stöhnte und angstvoll auf seinen Bruder sah.

Da reichte Ulrich rasch dem Tod die Hand, warf noch einen abschiednehmenden Blick auf den blühenden Garten und sank zu Boden.

Der König aber sprang von seinem Lager, breitete weit die Arme aus und sog in tiefen Zügen den süßen Veilchenduft ein.

Für den toten Körper zu seinen Füßen hatte er keinen Blick.

Die Knechte trugen den armen Ulrich in den Wald und begruben ihn neben seiner Mutter.

Drei Tage lang freute sich der König seines neugewonnenen Lebens, dann sank er wieder in die alte Verdrossenheit zurück.

„Ich muß mich zerstreuen“, sagte er sich und unternahm eine weite Reise durch sein Land.

Dazu brauchte er fünf Jahre, und als er zurückkam, war er unzufriedener als je zuvor.

„Es ist immer dasselbe“, sagte er zu seinem Leibarzt. „Die Wiesen sind überall grün und die Blumen rot oder blau, und jeden Sommer ist es heiß und jeden Winter kalt. Ach, ich langweile mich noch zu Tode!“

Da fiel ihm plötzlich sein Bruder ein.

„Er hat mich betrogen!“ schrie er, „betrogen um meinen Tod. Aber ich will ihn in seinem Frieden stören. Er soll es nicht besser haben als sein König.“

Und er ließ einen spitzen Pfahl in das Grab treiben, gerade dort, wo das Herz des guten Ulrich lag.

Als das geschehen war, überkam den König eine große Traurigkeit.

„Mein Herz liegt mir wie ein Stein in der Brust“, sagte er, „so schwer und kalt.“

Da ließ der Leibarzt einen Tee aus sieben verschiedenen Kräutern kochen, und der König mußte ihn trinken.

Aber es wollte nicht helfen.

Plötzlich stürzte ein Bote ins Zimmer und warf sich vor dem König nieder.

„Herr“, rief er, „ein Wunder ist geschehen! Der Eschenpfahl, den wir in Eures Bruders Grab stießen, steht frisch und grünt und hängt voll roter Beeren.“

Da fiel es dem König wie Schuppen von den Augen, er wurde bleich wie die Wand und begann zu zittern.

Zwei Tage und zwei Nächte saß er in seinem großen Saal. Am dritten Tag rief er den Kanzler und befahl ihm, einen neuen König zu wählen.

„Ich habe mein Glück von mir gestoßen und schwer gesündigt“, sprach er. „Gott hat mich gestraft.“

Dann zog er ein rauhes Kleid an, schnitt sich einen langen Stab zurecht und schritt in den dämmernden Morgen hinaus.

Und er zog zehn Jahre durch das Land.

Sein goldenes Haar bleichte der Regen, sein glattes, weißes Gesicht wurde braun und runzlig, und die leuchtenden Augen begannen zu triefen, denn der König war nicht gewöhnt, in Wind und Schnee zu wandern.

Die sengenden Strahlen der Julisonne sahen ihn durstig über die verdorrten Wiesen schleichen, und in den eisigen Winternächten verkroch er sich zitternd in den Scheunen seiner ärmsten Untertanen.

„Mein Gott“, seufzte er dann, „wann wird es genug sein?“

Aber kalt und gleichgültig funkelten die Sterne.

Wenn dann der Morgen graute, wanderte der König geduldig weiter durch den tiefen Schnee, denn Gott hatte ihm noch nicht verziehen.

So wurde er immer älter und schwächer.

Da geschah es einmal an einem schönen Herbsttag, daß er sich in einem großen Wald verirrte. Er war schon so müde, daß er glaubte, keinen Schritt mehr gehen zu können.

Endlich kam er auf eine Lichtung und sank erschöpft auf einen kleinen Hügel nieder, auf dem eine schöne Eberesche stand. Wie der König so lag und in den Himmel sah, wurde sein Herz mit einem Male ganz leicht und fröhlich.

Ein blauer Vogel flog auf den höchsten Ast des Baumes und sang, und dem König war, als habe er dieses Lied schon einmal vor langer Zeit gehört. Und er merkte gar nicht, daß ihm die heißen Tränen über die Wangen liefen.

„Hier will ich bleiben", flüsterte er und streckte sich lächelnd auf dem Hügel aus. Und seine Tränen sickerten tief in die Erde bis zu den Wurzeln der Eberesche.

Da wußte der gute Bruder Ulrich, daß sein Herr nach Hause gekommen war, und sein Herz begann vor Freude zu springen, so daß ein schwerer Regen roter Beeren auf den König niederfiel und ihn bedeckte.

Und der blaue Vogel sang, bis die Sonne sank, als wollte ihm vor Glück die kleine Kehle zerspringen.

Markus Bundi

Das Ende der Sehnsucht

Nachwort zu Marlen Haushofers Märchen-Trilogie

Was sind uns Märchen? – Für viele sind damit erste Erinnerungen verbunden. Und sogleich setzt die Verklärung ein: Erinnerungen an eine heile Welt. Dabei sind viele Märchen grausam. Da ist die Rede von Entführung und Misshandlung; allenthalben schlägt das Böse durch, auf dass es besiegt oder – zumindest – überwunden werde! „Es war einmal …" bis hin zu „Und die Moral von der Geschicht'"; das ist der Grimm'sche Bogen, der uns immer schon versprochen ist. Eine scheinbar abgeschlossene Geschichte, ein Teil für das Ganze … das ganze Leben.

Das Märchen rührt an unsere erste Gabe des Denkens: die Vorstellungskraft. Es dient der Entlastung und ist Spiegel zugleich. Die dargestellte Welt ist überschaubar, alle Dinge sind beseelt, die Charaktere der Figuren selten zweideutig. Und diese kindliche Sicht meint zugleich das poetische Gemüt des Erwachsenen. Das Märchen ist der Zeit enthoben, ohne konkreten Ort auf der Weltkarte, und es kennt – was seine Leserschaft betrifft – keine Altersgrenze.

Volksstudien, Pädagogisierungen und Psychologisierungen haben den Märchen auf ihre je eigene Weise zugesetzt – und die Inanspruchnahmen setzen sich weiter fort. Um aber dem Märchen als solchem wie auch seinen konkreten Ausprägungen gerecht zu werden, sehe ich nur einen vielversprechenden Ansatz: die Betrachtung als literarischen Text.[1] Es geht einerseits um die Geschichte, die erzählt wird, und andererseits um die Art und Weise, wie sich der entsprechende Inhalt zu den Gesetzmäßigkeiten des Märchens verhält – wie das Wunderbare die Welt im Innersten zusammenhält, wie unsere Ängste und Sehnsüchte in ein sinnstiftendes Ganzes passen könnten.

Marlen Haushofers Märchen-Trilogie (1972 posthum unter dem Titel *Das Waldmädchen* veröffentlicht[2]), die bislang kaum Beachtung fand, ist zum einen dem Duktus der Grimm'schen *Kinder- und Hausmärchen* verpflichtet, zum anderen reizt die Schriftstellerin die Möglichkeiten des Märchens auf eine Weise aus, dass es sich quasi selbst entlarvt – sich und mit ihm den Menschen.

Schon das erste Bild dieses Triptychons, die Vorstellung des Waldmädchens, das aus der Geborgenheit des Waldes in ein Schloss gezerrt wird, wo Ränkespiele und Intrigen an der Tagesordnung sein dürften, schafft bald Irritationen. Alle Versuche, der gewordenen Königin das Zurückgelassene nachzutragen, um so ihre Glückseligkeit wiederzuerwecken, scheitern kläglich. Weder Hexe noch Zauberer sind zur Stelle, die Wunscherfüllung – die Geburt des Kindes – erfolgt dann einfach so. Wenngleich sich nicht ausschließen lässt, dass Gott die Bitten des Königs erhört hat, das Wunderbare verrichtet allein die Natur, und es besteht letztlich weniger in der Geburt des Kindes, sondern in der dadurch initiierten Umpolung des Waldmädchens zur Mutter, in der fortan andere Kräfte wirken – ob Liebe oder Sorge, wer will das noch unterscheiden?

Es wird kein Schatz gehoben, kein Rätsel gelöst, keiner Moral zu ihrem Recht verholfen, vielmehr nahmen die Dinge ihren natürlichen Lauf. Der Gemüts- und Sinneswandel der Königin stimmt indes nachdenklich, wir zweifeln an diesem Wunder – weil es keines Wunders bedurfte. Die Entzauberung des Märchens, die Nüchternheit des Faktischen beziehungsweise dessen Wirkung, die allein aufgrund der Geburt eines Kindes entfaltet wird, macht uns selbst zu Spielbällen, die unbarmherzig den Launen der Natur ausgesetzt sind. Wohin mit unseren Ängsten und Sehnsüchten, wenn wir womöglich von vornherein determiniert sind?

Im zweiten Bild begegnen wir einer Nixe, die ihrerseits menschlich geworden ist, auch wenn sie noch einen Rückfall erleidet und kurzzeitig die Tochter, die sie dem kinderlosen Erlmüller-Ehepaar überlassen hat, zurück zu sich nimmt. Doch nicht nur das Kind ist zu sehr Mensch geworden, auch die Wasserfrau-Mutter lässt sich von den Tränen der Müllerin, die durch das Wasser zu ihr nach unten dringen, erweichen. Was aber bleibt vom Zauber der Nixe noch – Inbegriff der Sehnsucht, des Animalischen –, wenn sie sich domestizieren lässt?

Erneut will uns der gute Ausgang des Märchens nicht so recht froh machen, denn die Vorstellung von Geben und Nehmen findet keine Entsprechung mehr. Auch wenn das Glück der Familie nach der Wiedervereinigung perfekt zu sein scheint, die Wasserfrau dürfte für immer verschwunden sein.

Der Übergang zum dritten Bild, dem Märchen *Der gute Bruder Ulrich*, scheint zunächst ein abrupter zu sein, ist es aber, ruft man sich *Von dem Fischer und seiner Frau* der Gebrüder Grimm in Erinnerung, mitnichten. Darin legt es die Frau des Fischers darauf an, ihren Mann mit immer neuen, größeren Wünschen zu konfrontieren. Der Fischer hatte zwar keine Nixe an der Angel, aber einen Butt, der sich allerdings als verwunschener Prinz zu erkennen gab. So ließ er den Butt wieder frei, was seine Frau erzürnte, denn sie meinte, ihr Mann hätte für die Freilassung doch etwas verlangen müssen. So kommt sie erst zu einem Haus, hernach zu einem Schloss, die Frau wird König, dann Kaiser und schließlich Papst. Doch als sie Gott werden will, erfüllt der Butt dem Fischer auch diesen Wunsch, und beide finden sich wieder in der Fischerhütte von einst. Die Moral, so lässt sich am Ausgang dieses Märchens unschwer erkennen, ist intakt. Das Wunderbare hat seine Macht entfaltet – und den Menschen zuletzt auf sich selbst zurückgeworfen.

Dieses Muster der Unersättlichkeit und Selbstüberhöhung ist auch der Kern von Haushofers abschließendem Märchen. Im Mittelpunkt steht ein ungleiches Brüderpaar: der König und Ulrich, der genau genommen lediglich sein Ziehbruder ist; beide sind bei Ulrichs Mutter aufgewachsen, sie war die Amme des Königs und rettete den jungen Thronfolger, als die Machtverhältnisse kippten. Doch eines Tages wendet sich das Schicksal erneut, und Ulrichs Bruder (der namenlos bleibt) wird zum König gekrönt. „Da wurde er stolz und unzufrieden", erfahren wir, und er verlangt von seinem Bruder zunächst dessen Schönheit, dann die Frau und zu guter Letzt, dass Ulrich an seiner Statt sterbe. „Drei Tage lang freute sich der König seines neugewonnenen Lebens, dann sank er wieder in die alte Verdrossenheit zurück."

Als aber plötzlich der Eschenpfahl auf Ulrichs Grab zu blühen beginnt, fällt es dem König „wie Schuppen von den Augen"; er begibt sich auf einen einsamen Gang, in ein „rauhes Kleid" gehüllt will er Buße tun und zieht zehn Jahre durchs Land. Und er fleht Gott an, fragt ihn, wann es genug sei, ohne eine Antwort zu erhalten: „Aber kalt und gleichgültig funkelten die Sterne." Der totalen Erschöpfung nahe gelangt er zu einem kleinen Hügel – „auf dem eine schöne Eberesche stand" – und legt sich zum Sterben nieder. Wie im zweiten Märchen finden die Tränen auf wundersame Weise von der einen Figur zur anderen, diesmal vom König zum toten Bruder, dessen Herz „vor Freude zu springen“ beginnt. Rückkehr, Einkunft, Harmonie – alles wieder gut?

Rekapitulieren wir: Ein Umsturz verändert die Machtverhältnisse, der Königssohn muss mit seiner Amme und deren Sohn fliehen, gerät nach ganz unten, bevor ihn ein neuerlicher Umsturz wieder nach oben spült. Unschuld und Intrige geraten in jenen Strudel, der alle korrumpierbar macht – alle bis auf einen, den guten Bruder Ulrich, der für seinen herrschenden Milchbruder zur guten Fee wird.

Allerdings geht der König mit seinen Wünschen keinerlei Risiko ein, denn Ulrich verlangt es nach nichts. Kein Preis, der zu bezahlen wäre, kein Handel. Das Wunderbare wird zum Geschenk, das immer nur den Geber ehrt, den Empfänger indes aber zu entwerten droht[3] – denn jeder Wunsch, dessen Erfüllung nie in Frage steht, verpufft, verkommt zur mechanischen Inbesitznahme – zu lesen auch als Entzauberung der Macht, als Verflüchtigung des Märchenhaften.

Denn die Menschen waren schon immer unter sich, allein unter sich? Eine wahrlich trostlose Geschichte … wären da nicht die Tränen des sterbenden Königs, die durchs Erdreich zum toten Bruder gelangen und dessen Herz wieder springen lassen. Im Namen „Ulrich“ steckt etymologisch der „reiche, mächtige Erbe“; diese Namensgebung weist wohl von Beginn weg auf die wahren Machtverhältnisse des ungleichen Brüderpaares hin. Literarisch steckt aber auch Musils *Mann ohne Eigenschaften* in diesem Namen und also jener Ulrich, der vergeblich nach einer sinnstiftenden Existenz sucht.

Es ist am Ende pure Märchengewalt, die für die Versöhnung am Grabhügel sorgt. Erzwungen wird die Wiedervereinigung durch ein Wesen, mit dem keiner mehr gerechnet hat, denn es taucht am Ende des Weges buchstäblich aus dem Nichts auf: „Ein blauer Vogel flog auf den höchsten Ast des Baumes und sang, und dem König war, als habe er dieses Lied schon einmal vor langer Zeit gehört.“

Mit einem Schlag sind wir bei Novalis, seinem Romanfragment *Heinrich von Ofterdingen*, worin die „blaue Blume“ ein erstes Mal blühte und alsbald zum zentralen Symbol der Romantik wurde. Sie steht für die unaussprechliche Sehnsucht des Menschen, für den poetischen Weg ins Innere, für unfassbare Unendlichkeit – für das Goldene Zeitalter. Weil es aber bei Haushofer keine Blume, sondern ein singender Vogel ist[4], schwingt sogleich auch Eichendorffs *Wünschelrute* mit:

Schläft ein Lied in allen Dingen,
Die da träumen fort und fort,
Und die Welt hebt an zu singen,
Triffst du nur das Zauberwort.

So schließt das Märchen *Der gute Bruder Ulrich* denn auch mit den Worten: „Und der blaue Vogel sang, bis die Sonne sank, als wollte ihm vor Glück die kleine Kehle zerspringen."

Interpretation? – Da muss ein blauer Vogel zur rechten Zeit am rechten Ort erscheinen, um doch noch ein gutes Ende zu ermöglichen. Da muss uns die Vorstellung in der äußersten Not etwas bieten; damit wir uns einbilden können, doch noch heil aus der Geschichte zu kommen? Wie aber lautet das Zauberwort? Es scheint fast so, als reiche die Sehnsucht nach Erlösung und Seelenheil, obwohl oder gerade weil kein Gott mehr antwortet, über den Tod und das Diesseits hinaus. Für Nietzsche resultierte aus dieser Erkenntnis der verstellten Verstellung im besten Fall „der tolle Mensch"; Marlen Haushofers letzter Tagebucheintrag lautet indes so: „Mach Dir keine Sorgen – alles wird vergebens gewesen sein – wie bei allen Menschen vor Dir. / Eine völlig normale Geschichte."[5]

Anmerkungen

[1] Eine ausführliche Begründung dieses Ansatzes findet sich in Stefan Neuhaus: *Märchen*, Tübingen 2017.

[2] Erstmals erschienen sind die drei Märchen unter dem Titel *Das Waldmädchen* in der Reihe *Die goldene Leiter* (Band 87) im Verlag Jugend und Volk, Wien 1972. Im Nachwort findet sich der Hinweis, dass es sich um „früher entstandene Märchen" handle, genauere Angaben indes fehlen. Dass es sich bei den drei Märchen um eine Trilogie (beziehungsweise ein Triptychon) handelt, basiert also lediglich auf meiner Überzeugung. Es soll vom Märchen *Das Waldmädchen* schon früh eine Fassung gegeben haben, die Haushofer 1947 ihrem Onkel Sepp widmete, inwieweit aber diese dem 1972 publizierten Märchen entspricht, ließ sich nicht eruieren.

[3] Eine Ausnahme dürfte die wohl bekannteste Adaption der Grimm'schen Vorlage sein: *The Giving Tree* (1964) von Shel Silverstein. Darin wird die lebenslange Freundschaft eines Baumes mit einem Jungen geschildert. Der Baum gibt seine Blätter und Früchte, dient als Kletterbaum, spendet Schatten. Er gibt dem erwachsen gewordenen Jungen seine Äste für ein Haus, schließlich den Stamm für ein Schiff. Und als der alte Mann eines Tages zurückkehrt, dient ihm der Stumpf als (letzter) Sitz: „Und der Baum war glücklich." Übersetzt unter anderem von Franz Hohler (*Der freigebige Baum*, Köln 1987) und von Harry Rowohlt (*Der Baum, der sich nicht lumpen ließ*, Zürich 2010).

[4] Mehr zur Vogelmetaphorik in Marlen Haushofers Werk findet sich in meinem Essay *Begründung eines Sprachraums*, Innsbruck 2019.

[5] Die Tagebuchnotiz stammt aus dem Jahr 1970; zitiert aus dem Band *Oder war da manchmal noch etwas anderes*. Texte zu Marlen Haushofer, Frankfurt a. M. 1986/1995, S. 138.

Inhalt

Außerdem erschienen

Markus Bundi
Begründung eines Sprachraums
Ein Essay zum Werk von Marlen Haushofer
128 Seiten. Gebunden mit Lesebändchen
Limbus 2019. ISBN 978-3-99039-153-2

Marlen Haushofer (1920–1970) hat nicht nur in der österreichischen Literatur unübersehbare Spuren hinterlassen. Lange Jahre fast vergessen, sind Werke wie *Wir töten Stella* (1958) oder *Die Wand* (1963) seit den 1980er-Jahren immer wieder Gegenstand des Diskurses und lebendig bis heute. Teil des Kanons zu sein, verstellt allerdings den Blick auf die Texte, verfälscht die unvoreingenommene Lektüre. Markus Bundi, ein Autor aus der Schweiz, der sich immer zunächst als Leser versteht, hat sich unbelastet des Werks der Haushofer angenommen – und ist der Schriftstellerin sofort verfallen.
Bundi nimmt die Spuren ernst, die Marlen Haushofer selbst gelegt hat, folgt ihr zurück ins neunzehnte Jahrhundert zu Schopenhauer und Nietzsche und trifft dort auch auf Heine, Raabe und Ibsen. Es zeigt sich: Haushofer hat nie einfach drauflosgeschrieben, sich vielmehr gut eingebettet, und blickte zugleich weit über ihre Zeit hinaus. Eine Spurensuche abseits ausgetretener Pfade: erhellend, überraschend, lesenswert!